# Frederick Douglass
## Líder del movimiento abolicionista

Melissa Carosella

## Asesores

**Marcus McArthur, Ph.D.**
*Departamento de Historia*
*Saint Louis University*

### Créditos de publicación

Rachelle Cracchiolo, M.S.Ed., *Editora comercial*
Conni Medina, M.A.Ed., *Gerente editorial*
Robin Erickson, *Directora de arte*
Caroline Gasca, M.S.Ed, *Editora superior*
Sam Morales, M.A., *Editor asociado*
Torrey Maloof, *Editora asistente*
Neri García, *Diseñadora superior*
Stephanie Reid, *Investigadora de fotos*
Jill Malcolm, *Diseñadora gráfica básica*

**Créditos de imágenes:** pág.8 portada Alamy; pág.1 Alamy; pág.4 The Library of Congress; pág.5 (superior) The Library of Congress; pág.5 (inferior) The Library of Congress; pág.6 Harriet Beecher Stowe, George Cruikshank/J. Cassell, 1852/ Google Books; pág.7 Northwind Picture Archives; pág.8 The Granger Collection, New York; pág.9 (superior) The Granger Collection, New York; pág.9 (inferior) The Library of Congress; pág.10 (izquierda) The Library of Congress; pág.10 (derecha) The Library of Congress; pág.11 The Library of Congress; pág.12 The Granger Collection, New York; pág.13 (superior) The Granger Collection, New York; pág.13 (inferior) The Library of Congress; pág.14 (izquierda) The Library of Congress; pág.14 (derecha) Life and Times of Frederick Douglass by Frederick Douglass, Park Publishing, 1882/archive.org; pág.15 (izquierda) The Library of Congress; pág.15 (derecha) The Library of Congress; pág.16 Newscom; pág.17 (superior) Northwind Picture Archives; pág.17 (inferior) Newscom; pág.18 The Library of Congress; pág.19 Narrative of the Life of Frederick Douglass: an American Slave, Frederick Douglass 1846/archive.org; págs.20–21 The Granger Collection, New York; pág.21 The Library of Congress; pág.22 The Library of Congress; pág.23 The Library of Congress; pág.24 The Library of Congress; pág.25 The Granger Collection, New York; pág.26 (izquierda) The Library of Congress; pág.26 (derecha) The Library of Congress; pág.27 The Library of Congress; pág.28 The Library of Congress; pág.29 (superior) National Park Service; pág.29 (inferior) Getty Images; pág.32 The Library of Congress

**Library of Congress Cataloging-in-Publication Data**

Names: Carosella, Melissa, author.
Title: Frederick Douglass : líder del movimiento abolicionista / Melissa Carosella.
Other titles: Frederick Douglass. Spanish
Description: Huntington Beach, CA : Teacher Created Materials, 2018. | Includes index. |
Identifiers: LCCN 2018022279 (print) | LCCN 2018030603 (ebook) | ISBN 9781642901368 (ebook) | ISBN 9781642901207 (pbk.)
Subjects: LCSH: Douglass, Frederick, 1818-1895--Juvenile literature. | Slaves--United States--Biography--Juvenile literature. | Abolitionists--United States--Biography--Juvenile literature. | Slavery--United States--History--Juvenile literature. | African Americans--History--Juvenile literature. | United States--History--19th century--Juvenile literature. | CYAC: Douglass, Frederick, 1818-1895. | Slaves--Biography. | Abolitionists--Biography. | Slavery--History. | African Americans--History. | United States--History--19th century.
Classification: LCC E449.D75 (ebook) | LCC E449.D75 C3718 2018 (print) | DDC
973.8092 [B] --dc23
LC record available at https://lccn.loc.gov/2018022279

## Teacher Created Materials

5301 Oceanus Drive
Huntington Beach, CA 92649-1030
www.tcmpub.com

### ISBN 978-1-6429-0120-7

© 2019 by Teacher Created Materials, Inc.
Printed in China
Nordica.092018.CA21801136

# Contenido

# Una vida de trabajo

Las personas se pusieron de pie y aplaudieron. ¡Lo que oyeron les causó una gran **impresión**! Era el año 1841 y un joven llamado Frederick Douglass acababa de describir su vida como esclavo frente a 500 personas.

Cuando era pequeño, su familia quedó destruida a causa de la esclavitud. Los dueños de esclavos le hicieron daño. Vio lo horrible que era la esclavitud. Trabajó mucho para terminar con ella. Quería que todos los esclavos fueran libres, incluido él mismo.

Douglass comenzó a pronunciar discursos en los que describía la esclavitud. Era una prueba viviente de que los esclavos eran personas y no **posesiones**. **Publicó** su propio periódico. Escribió libros sobre su vida. ¡Hasta se hizo amigo del presidente Lincoln!

encuentro de Douglass con el presidente Lincoln

ilustración de un esclavo encadenado

AM I NOT A MAN AND A BROTHER?

## Otro nombre

Su nombre de nacimiento era Frederick Augustus Washington Bailey. Pero lo cambió después de huir a Nueva York en 1838. No quería que su amo lo encontrara. A partir de entonces, se hizo llamar Frederick Douglass.

## ¡Hablen!

Algunos dueños de esclavos mentían diciendo que la esclavitud no era tan mala como se pensaba. Afirmaban que cuidaban mucho de sus esclavos y que los trataban bien. Pero los esclavos que huían contaban otra cosa. Esperaban que sus historias verdaderas sirvieran para que se conocieran los males de la esclavitud.

A lo largo de su vida, Douglass luchó contra la esclavitud. Quería ayudar a todos los afroamericanos. Pensaba que merecían un trato justo. Hizo todo lo posible para que lograran la **igualdad**.

Frederick Douglass nació esclavo, pero murió libre. Ayudó a terminar con la esclavitud y les dio a los afroamericanos la oportunidad de mejorar su vida.

Frederick Douglass

A una madre le quitan a su hijo para venderlo.

# Crecer en la esclavitud

### ¿Cuántos años tengo?

Los dueños de esclavos no registraban sus nacimientos. No había registros oficiales. Por eso, muchos esclavos no sabían en qué año habían nacido ni su edad.

### Soledad

Una de las peores cosas de la esclavitud era que las familias no siempre podían permanecer unidas. Los dueños de esclavos podían venderlos cuando quisieran. A muchos amos no les importaban los sentimientos de sus esclavos. Solo les interesaba ganar dinero.

### Nacer para vivir una tragedia

Frederick Douglass nació en una cabaña de esclavos en Maryland. Probablemente haya sido en 1818, pero se desconoce el año exacto de su nacimiento. La mamá de Douglass era una esclava llamada Harriet. No se sabe quién era el padre. Algunos creen que era un hombre blanco, y tal vez incluso su dueño.

Antes de que Douglass cumpliera un año, enviaron a su mamá a trabajar a otra hacienda que se encontraba a millas de distancia. No le permitían visitarlo. Estaba prohibido. Douglass solo pudo ver a su mamá unas pocas veces después de que la trasladaron. No la recordaba muy bien. Murió cuando Douglass tenía solo siete años.

Al pequeño Douglass lo cuidaron sus abuelos. Se llamaban Isaac y Betsey Bailey. Douglass quería mucho a su abuela.

Cuando tenía unos ocho años, a su abuela le ordenaron que lo llevara a otra hacienda de la **plantación**. Douglass no era lo suficientemente grande como para comenzar a trabajar. La caminata hasta la hacienda era larga. Cuando llegaron, Douglass no podía creer toda la actividad que había allí. Era un lugar ruidoso y todos estaban ocupados. Douglass quiso regresar con su abuela. Pero cuando fue a buscarla, ya no estaba. Se había quedado solo. Su abuela no quería abandonarlo, pero tuvo que obedecer a su amo.

: unos esclavos muy ocupados en una plantación

## Una nueva forma de ver la vida

En 1825, Douglass cambió de dueño. Lo obligaron a abandonar la plantación y mudarse a la ciudad de Baltimore. Allí vivió con unos parientes de su antiguo dueño, Hugh y Sophia Auld. A Douglass le gustaba vivir en la ciudad. Fue entonces cuando aprendió a leer. También conoció a algunos **abolicionistas**. Eran personas que pensaban que la esclavitud estaba mal y trabajaban para acabar con ella.

Cuando Douglass llegó, Sophia era amable y cariñosa con él. Nunca antes una persona blanca lo había tratado así. Comenzó a enseñarle el alfabeto. Cuando vio que aprendía rápido, empezó a enseñarle a leer. Pero luego las cosas cambiaron para Douglass.

La Sra. Auld le enseña el abecedario al pequeño Douglass.

A Douglass le gustaba pasar tiempo en el muelle de Baltimore.

## ¡Está prohibido!

En los estados esclavistas estaba prohibido enseñarles a leer a los esclavos. Se temía que si aprendían a leer, sería más difícil controlarlos. Quizás descubrirían que había personas en contra de la esclavitud.

## Mujeres abolicionistas

Muchas mujeres creían que la esclavitud estaba mal. A Sarah y a Angelina Grimké no les gustaba la idea de que algunas personas fueran dueñas de otras. Escribieron muchas cartas acerca de los males de la esclavitud. Lucretia Mott fue otra abolicionista famosa. Pronunció muchos discursos en contra de la esclavitud.

Hugh le dijo a su esposa que dejara de enseñarle a Douglass. No le parecía buena idea que los esclavos supieran leer. Pensaba que eso los haría añorar la libertad y volverse revoltosos, o difíciles de controlar. Sophia dejó de hacerlo. También comenzó a tratar a Douglass como esclavo. Ya no era tan amable con él.

Aunque los Auld comenzaron a tratarlo de otra manera, a Douglass le seguía gustando vivir en Baltimore. En secreto, leía libros sobre la **emancipación** y se reunía con abolicionistas. ¡Ahora estaba más decidido que nunca a ser libre!

Lucretia Mott

## El maestro

A Douglass una vez lo rentó un hombre llamado William Freeland. Durante el tiempo que pasó con él, Douglass les enseñó a leer a otros esclavos de la zona. Eso era muy peligroso, pero Douglass sabía la importancia que tenía para los esclavos aprender a leer.

## Un plan fallido

En 1835, Douglass decidió huir. Junto con otros esclavos, diseñó un plan para escapar en canoa por la bahía Chesapeake. Pero uno de los esclavos lo traicionó. El plan fue descubierto y a los esclavos los atraparon y los encerraron en una cárcel para esclavos.

una cárcel para esclavos

Un amo azota a su esclavo.

## De regreso a la plantación

Cuando Douglass tenía 15 años, Sophia murió. Entonces pasó a pertenecer a Thomas Auld y debió regresar a la plantación. No quería regresar a la vida de la plantación, pero no tenía voz.

Mientras vivía en Baltimore, tenía permiso de salir solo. A su nuevo amo no le gustaba el nuevo espíritu de Douglass. Pensaba que estaba malcriado y debía recordársele que era un esclavo.

Entonces, Thomas contrató a Edward Covey. Covey era **domador de esclavos**. Un domador de esclavos era alguien a quien se contrataba para golpear, explotar y hacer pasar hambre a los esclavos hasta que perdieran toda esperanza de una vida mejor.

Durante casi un año, Douglass sufrió muchísimo. Le daban muy poca comida. Trabajaba demasiado. Lo golpeaban duramente. Douglass comenzó a perder las esperanzas.

Sin embargo, un día reunió la valentía para defenderse. Golpeó a Covey. Eso era muy peligroso. A los esclavos no se les estaba permitido jamás golpear a las personas blancas. Pero Covey no le podía contar a nadie de esa pelea porque entonces sabrían que no podía controlar a sus esclavos. Covey nunca más volvió a golpear a Douglass.

Un esclavo se defiende.

## De regreso a Baltimore

En 1836, a Douglass lo enviaron de regreso a Baltimore a vivir con Hugh Auld. Primero, se lo rentaron al dueño de un astillero. Se convirtió en asistente de los constructores navales.

La vida allí era mejor que en la plantación, pero aun así era difícil. Un día a Douglass lo golpearon unos hombres blancos **racistas**. Estaban enojados por tener que trabajar con un esclavo. Douglass casi pierde un ojo en la pelea.

Después de la golpiza, Douglass fue a trabajar al astillero de Hugh. Allí aprendió un **oficio**. **Calafateaba** barcos. Eso quiere decir que rellenaba las grietas y uniones del barco para que no entrara agua.

Douglass trabajó en un astillero como este.

Los esclavos huían hacia la libertad mediante el Ferrocarril Subterráneo.

## Un tren hacia la libertad

Muchos esclavos huían con la esperanza de ser libres. Una manera de hacerlo era mediante el Ferrocarril Subterráneo. El Ferrocarril Subterráneo era un gran secreto. Había quienes ayudaban a los esclavos a escapar hacia el Norte por rutas especiales. Unos **conductores** guiaban a los esclavos. Una de las conductoras más famosas era una mujer llamada Harriet Tubman. Guio a cerca de 300 esclavos hacia la libertad.

Durante su estadía en Baltimore, Douglass comenzó a conocer a hombres afroamericanos libres que se ganaban la vida. Esos hombres lo **inspiraron**. Él también quería una vida en libertad. En ese entonces, Douglass conoció a Anna Murray. Sus padres habían sido esclavos, pero ella era libre. Los dos se enamoraron.

Su amo comenzó a **sospechar** que Douglass estaba aprendiendo acerca de la libertad. Una noche, tuvieron un altercado. Douglass sabía que debía huir pronto si quería ser libre alguna vez.

Harriet Tubman

## Ayudar a otros

Los Douglass ayudaban a otros esclavos siempre que podían. De hecho, su casa era una de las estaciones del Ferrocarril Subterráneo. Se sabía que Anna se levantaba en medio de la noche para preparar comida para los esclavos que escapaban hacia Canadá.

## ¿Por qué Douglass?

Cuando los Douglass llegaron a New Bedford, la familia Johnson los ayudó a instalarse. Fue el Sr. Johnson quien le cambió el nombre a Douglass. Douglass necesitaba otro nombre para que su amo no lo encontrara. El Sr. Johnson estaba leyendo *La dama del lago*, de *Sir* Walter Scott. Le puso a Douglass el nombre de uno de los caballeros del libro.

Douglass y su esposa Anna poco después de su casamiento

*Sir* Walter Scott

# Un nuevo comienzo
## Douglass escapa hacia la libertad

En 1838, Douglass se subió a escondidas a un tren que se dirigía a Nueva York. Cuando llegó a la ciudad, no podía creer que era libre.

Douglass estaba entusiasmado y asustado. Estaba entusiasmado por su libertad, pero también se sentía nervioso. Nunca había estado en la ciudad de Nueva York. No tenía dónde vivir ni qué comer. No conocía a nadie. Tenía miedo de hablar. ¿Y si lo atrapaban y lo enviaban de regreso con su amo? Pero entonces conoció a alguien que le ofreció ayuda.

Douglass conoció a David Ruggles. Era un afroamericano libre. Le dio un lugar seguro donde quedarse. Mientras estuvo con Ruggles, Douglass le escribió a Murray y le pidió que se reuniera con él en Nueva York. Ella lo hizo y se casaron.

Los Douglass entonces se mudaron a New Bedford, Massachusetts. En New Bedford, Douglass realizó diversas tareas en los muelles y recibió un pago por su trabajo. Por fin estaba ganando dinero. Y Anna también. Lavaba ropa de otras personas. También trabajaba en una fábrica de zapatos. Frederick y Anna eran felices. Estuvieron casados por 44 años y tuvieron cinco hijos.

Frederick y Anna Douglass

## Hora de hablar

Los Douglass no tenían mucho dinero. Tanto Frederick como Anna trabajaban mucho y ahorraban lo más posible. Pero había algo que Douglass compraba todas las semanas y que cambió su vida. Se llamaba *The Liberator* (El liberador).

*The Liberator* era un periódico abolicionista que publicaba William Lloyd Garrison. Garrison era un abolicionista famoso. Había estado tratando de terminar con la esclavitud por años. Garrison comenzó a publicar su periódico en 1831, siete años antes de que Douglass huyera de la esclavitud.

Douglass y Garrison se conocieron en una reunión antiesclavista en 1841. Garrison quedó impactado con la historia de Douglass. Le pidió que lo acompañara a otra reunión en Nantucket, Nueva York.

el famoso periódico abolicionista de William Lloyd Garrison

Douglass relata en Inglaterra sus experiencias como esclavo.

## Discursos impactantes

Algunos **ignorantes** pensaban que los esclavos no tenían sentimientos. Los veían como animales incapaces de aprender cosas como leer y escribir. Los discursos de Douglass probaron que estaban equivocados. Él demostró que los afroamericanos tenían emociones reales y podían aprender.

## ¡Cien!

En 1843, los miembros de la Sociedad Antiesclavista de Nueva Inglaterra tuvieron una gran idea. Organizarían 100 convenciones a favor de acabar con la esclavitud. Le pidieron a Douglass que fuera uno de los oradores de las 100 convenciones. Douglass aceptó.

Cuando Douglass llegó a la reunión en Nueva York, Garrison le pidió que hablara ante la multitud. Douglass estaba nervioso. ¡En esa reunión había 500 personas! Nunca antes había hablado frente a tanta gente. Pero pudo reunir el coraje para contar la historia de su vida.

El discurso de Douglass fue tan fabuloso que consiguió empleo. La Sociedad Antiesclavista de Massachusetts le pagaba por viajar y pronunciar discursos contra la esclavitud.

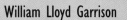

William Lloyd Garrison

## La esclavitud en Inglaterra

En 1833, Inglaterra comenzaba a ponerle fin a la esclavitud. Muchos ingleses apoyaban a los abolicionistas estadounidenses. Cuando Douglass habló en Inglaterra, el público quedó asombrado con su historia.

## Los favoritos de Frederick

Douglass disfrutó de la lectura toda su vida. Leía siempre que podía. Una vez un reportero le pidió que hiciera una lista de sus autores favoritos. Era una lista larga. Incluía a escritores como William Shakespeare y Charlotte Brontë.

## ¡Extra! ¡Extra!

Douglass no solo leyó libros y hasta escribió uno, sino que también abrió periódicos. Uno fue *The North Star* (La Estrella Polar). Le puso ese nombre porque los esclavos fugitivos miraban la estrella polar para orientarse hacia la libertad.

el primer periódico de Douglass

## Difundiendo sus ideas

Douglass pensaba que si las personas se enteraban de lo horrible que era la esclavitud, lucharían contra ella. En 1845, decidió escribir una **autobiografía**. La llamó *Narrativa de la vida de Frederick Douglass, un esclavo americano, escrita por él mismo*.

El Sr. Garrison, amigo de Douglass, escribió la introducción del libro. Les informó a los lectores que la historia era verdadera y que el propio Douglass había escrito el libro. A muchos blancos les costaba creer que un afroamericano pudiera escribir tan bien.

Cuando salió el libro de Douglass, fue un gran éxito. Vendió más de 30,000 copias. A Douglass le preocupaba que su antiguo amo lo encontrara por la gran popularidad del libro. Sus amigos le aconsejaron visitar Irlanda e Inglaterra. De ese modo, estaría a salvo.

Durante su estadía en Inglaterra sucedió algo fantástico. Los abolicionistas ingleses le compraron la libertad de Douglass a su antiguo amo. ¡Ahora era legalmente libre!

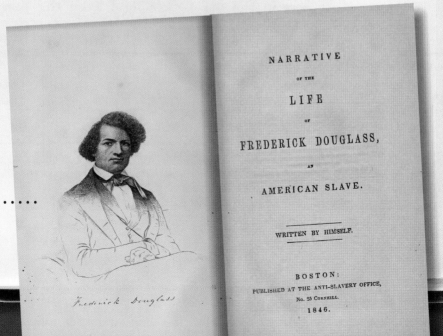

la portada del
libro de Douglass

NARRATIVE

OF THE

LIFE

OF

FREDERICK DOUGLASS,

AN

AMERICAN SLAVE.

WRITTEN BY HIMSELF.

BOSTON:
PUBLISHED AT THE ANTI-SLAVERY OFFICE,
No. 25 CORNHILL.
1846.

*Frederick Douglass*

# Un amigo en problemas

En 1847, Douglass se hizo amigo del abolicionista John Brown. Lo ayudó a conseguir dinero para acabar con la esclavitud. Brown odiaba la esclavitud. Creía que era un pecado. Haría todo lo necesario para terminar con ella. Brown pensaba que era necesario usar la violencia. Pero Douglass creía que a la esclavitud se le pondría fin con la **política**, no con la violencia.

En 1859, Brown comenzó a planear una **revuelta** de esclavos. Esperaba que eso provocara una serie de revueltas por todo el Sur. Douglass le pidió que abandonara su plan. Temía que este fracasara y provocara el enojo del gobierno.

Brown no lo escuchó. En octubre de 1859, entró por la fuerza a un **arsenal** lleno de armas en Harpers Ferry, Virginia. Quería robar las armas y dárselas a los esclavos.

Douglass pronuncia un discurso en una reunión antiesclavista en honor a la muerte de Brown. La policía y una muchedumbre enojada intentan interrumpir la reunión.

John Brown

Cuando los vecinos vieron lo que estaba haciendo Brown, hubo algunos disparos. Más de 17 personas murieron asesinadas. Brown fue arrestado y llevado a prisión.

Douglass estaba pronunciando un discurso cuando se enteró de que el plan de Brown había fracasado. También sabía que corría riesgo de que lo castigaran. La gente pensaría que había ayudado a Brown a planear el ataque porque eran amigos. Rápidamente se marchó a Canadá para que no lo arrestaran.

## ¿Por qué se creía que Douglass estaba involucrado?

John Brown había estado planeando el ataque a Harpers Ferry durante meses. Mencionó sus planes en sus cartas a Douglass. Se encontraron algunas de esas cartas. Eran la prueba escrita de que Douglass conocía el plan.

## El juicio

Brown fue juzgado por su asalto a Harpers Ferry. Algunos pensaban que se había vuelto loco. Otros creían que había sido un acto de valentía. La corte lo halló culpable de **traición**, **conspiración** y **asesinato**. Lo colgaron el 2 de diciembre de 1859.

# Ayuda en la guerra

## Douglass consigue soldados

En 1860, Abraham Lincoln fue elegido como el 16.° presidente de Estados Unidos. Pero los estados no permanecerían unidos por mucho tiempo. Al Sur no le gustaba Lincoln. Los sureños pensaban que quería terminar con la esclavitud. Así que decidieron crear su propio país. Lincoln no quería que pasara eso. Pensaba que el país debía permanecer unido. Así fue como comenzó la guerra de Secesión.

La guerra de Secesión empezó en 1861. El Norte se hizo llamar la Unión. El Sur se llamó la Confederación. El Norte luchaba por salvar la Unión y mantener unido el país. El Sur luchaba por el derecho de separarse de la unión y conservar sus esclavos.

Durante la guerra hubo muchas batallas sangrientas y murieron numerosos soldados. Douglass sabía que la Unión necesitaba más hombres. Pensó que los afroamericanos deberían poder unirse al ejército y ayudar.

batalla en el fuerte Wagner

soldados afroamericanos de la guerra de Secesión

## ¡Solo siete dólares!

A los soldados afroamericanos les pagaban solo $7 al mes para luchar por la Unión. Los soldados blancos cobraban más del doble. El 54.° Regimiento de Infantería de Massachusetts sirvió por un año sin recibir paga. Querían dejar sentado que la paga desigual a los soldados blancos y afroamericanos era injusta.

## Harriet también ayuda

Harriet Tubman es famosa por sus esfuerzos en el Ferrocarril Subterráneo. Pero también ayudó durante la guerra de Secesión. Reclutó soldados afroamericanos para que lucharan en la guerra. También sirvió como enfermera y ayudó a los soldados heridos.

Un día, al gobernador de Massachusetts le dieron permiso para organizar una unidad militar de afroamericanos. Douglass ofreció su ayuda. **Reclutó** soldados afroamericanos. Incluso reclutó a sus propios hijos, Lewis y Charles. Enseguida se formó el 54.° **Regimiento** de Infantería de Massachusetts. El regimiento ganó su primera batalla el 18 de julio de 1863, en el fuerte Wagner. Esta batalla demostró a los soldados blancos de la Unión que necesitaban de la ayuda de los soldados afroamericanos para ganar la guerra.

## Conocer al presidente

Douglass quería terminar con la esclavitud. Deseaba que todos los esclavos fueran libres. Pero el presidente Lincoln solo quería evitar que la esclavitud se difundiera en otros estados.

Douglass y Lincoln tampoco estaban de acuerdo en el propósito de la guerra de Secesión. Lincoln veía la guerra como una manera de evitar que el país se dividiera. Douglass la veía como una manera de terminar con la esclavitud. Sin embargo, Douglass no perdía las esperanzas de que Lincoln acabara con la esclavitud. Entonces, el 1.° de enero de 1863, Lincoln firmó la Proclamación de la Emancipación. Fue el primer paso hacia la liberación de los esclavos en Estados Unidos.

### Liberia

Algunas personas pensaban que la solución para la esclavitud era mudarse a África. A comienzos de la década de 1820, la Sociedad Americana de Colonización comenzó a enviar a afroamericanos libres a la costa oeste de África. Con el tiempo, se formó un país: Liberia.

### Por si acaso

En 1864, al Norte no le estaba yendo bien en la guerra de Secesión. Lincoln temía que se perdiera la guerra. Le pidió a Douglass que hiciera un plan para que los esclavos pudieran escapar si el Norte perdía la guerra. Douglass mencionó su plan en una carta a Lincoln. El plan nunca fue necesario.

Abraham Lincoln

Unos esclavos liberados cruzan al territorio de la Unión tras la Proclamación de la Emancipación.

La Proclamación de la Emancipación decía que toda persona esclavizada en cualquiera de los estados del Sur era libre a partir de ese momento. Pero los esclavos de los estados fronterizos no fueron liberados. Los estados fronterizos eran los estados esclavistas que rodeaban los estados libres. Aunque Lincoln no había liberado a todos los esclavos, Douglass aún tenía esperanzas de que pronto todos serían libres.

En 1863, Douglass logró reunirse con Lincoln en la Casa Blanca. El presidente le dio una buena impresión. Descubrió que era un hombre honesto y confiable. Lincoln y Douglass trabajaron juntos durante la guerra de Secesión. Douglass aconsejaba al presidente.

## Grupos de odio

No todos estaban contentos con la libertad de los afroamericanos. Algunas personas formaron grupos de odio. El Ku Klux Klan (KKK) es uno de ellos. Estos grupos querían asustar a los afroamericanos para que no votaran ni aprovecharan sus nuevos derechos.

## Sufragio femenino

La lucha por cambiar la ley y permitir que las mujeres votaran se llamaba Movimiento Sufragista. Douglass era un gran partidario de ese movimiento. Creía que las mujeres debían tener los mismos derechos políticos que los hombres. Pronunció muchos discursos sobre este tema y trabajó con las famosas sufragistas Elizabeth Cady Stanton y Susan B. Anthony.

Elizabeth Cady Stanton

Un antiguo esclavo celebra su libertad.

# Superar la esclavitud

## Luchar por la igualdad de derechos

La guerra de Secesión terminó en abril de 1865. La Unión había ganado. Luego, en diciembre, la Decimotercera **Enmienda** a la Constitución declaró **ilegal** la esclavitud. ¡Ahora todos los esclavos eran libres! Pero Douglass quería más. Creía que la libertad significaba la igualdad de derechos para los afroamericanos, no solo el final de la esclavitud.

Douglass sentía que la mejor manera de proteger a los esclavos recientemente liberados era aprobar leyes que les dieran poder. Esto sucedió en julio de 1868, con la Decimocuarta Enmienda a la Constitución de EE. UU. Decía que los esclavos eran ciudadanos de Estados Unidos. Dos años más tarde, la Decimoquinta Enmienda les dio a los hombres afroamericanos el derecho a votar. Gracias a estas enmiendas, los afroamericanos estaban más cerca de la igualdad de derechos, tal como lo había deseado Douglass. Pero él sabía que todavía faltaba mucho.

Douglass quería la igualdad de derechos para todos. Quería que los afroamericanos tuvieran los mismos derechos que los hombres blancos. También creía que las mujeres debían contar con esos derechos. Hacia el final de su vida, se esforzó por obtener igualdad de derechos también para los **inmigrantes**. Douglass creía que todos debían ser tratados de la misma manera, sin importar su raza, su género ni su nacionalidad.

Unos libertos, o esclavos liberados, votan en el Sur en 1867.

## De esclavo a leyenda

Douglass trabajó mucho toda su vida. En 1881, aceptó un empleo en el gobierno. Era en el Registro Público de Washington D. C. Llevaba registro de documentos importantes para el gobierno.

Unos años más tarde, Douglass fue **nombrado** cónsul general en Haití. Eso significaba que era el representante del gobierno de Estados Unidos allí. Haití solía ser un país esclavista. Pero los esclavos lucharon contra sus amos. Tomaron control de país. Douglass vivió en Haití hasta 1891.

Cuando regresó a Estados Unidos, Douglass siguió luchando por la igualdad para todos. El 20 de febrero de 1895, habló en una reunión a favor de la igualdad de derechos para las mujeres. Al terminar la reunión, se descompuso. Douglass murió ese día, a los 77 años.

Frederick Douglass nació esclavo. La ley no lo consideraba una persona. Decía que le pertenecía a alguien. Douglass arriesgó su vida muchas veces para cambiar esa ley. Sus grandes esfuerzos y su espíritu libre ayudaron a guiar a Estados Unidos hacia un camino de igualdad para todos sus ciudadanos.

Un grupo de afroamericanos ofrecen sus respetos a Douglass en 1877.

Helen Pitts

## Una segunda esposa

Anna Douglass murió en 1882 y Douglass se sentía muy solo. En 1884, se casó con Helen Pitts. Tenía unos 20 años menos que él. Además, era blanca. Muchas personas desaprobaban ese matrimonio, pero no les importaba. Frederick y Helen Douglass eran felices.

## Hogar dulce hogar

En 1878, Douglass se mudó a una casa en Cedar Hill, Anacostia, en Washington D. C. Vivió allí con su familia hasta su muerte, en 1895. En la actualidad, la casa donde vivió Douglass es un museo. Lo administra el Servicio de Parques Nacionales. Allí hay algunos objetos personales de Douglass. La casa está abierta al público. ¡Eso quiere decir que puedes recorrerla!

# LIFE
*The Search for a* BLACK PAST

BEGINNING A NEW SERIES ON NEGRO HISTORY

Abolitionist Frederick Douglass

NOVEMBER 22 · 1968 · 40¢

Douglass apareció en la tapa de la revista *LIFE* en 1968, más de 70 años después de su muerte.

# Glosario

**abolicionistas**: personas que luchan por terminar con la esclavitud

**arsenal**: un lugar donde se guardan armas

**autobiografía**: un libro sobre la vida de una persona, escrito por esa persona

**calafateaba**: rellenaba grietas o uniones en barcos para que no se filtrara agua

**conductores**: personas que guiaban a los esclavos hacia la libertad mediante el Ferrocarril Subterráneo

**conspiración**: un acto secreto contra la ley

**domador de esclavos**: una persona que abusaba de los esclavos para que perdieran las esperanzas de una vida mejor

**emancipación**: liberación de la esclavitud

**enmienda**: un cambio oficial a la Constitución de Estados Unidos

**Ferrocarril Subterráneo**: un sistema secreto que ayudaba a los esclavos a escapar hacia la libertad en el Norte o en Canadá

**ignorantes**: que saben poco sobre algo; que se niegan a aprender

**igualdad**: cuando todos reciben el mismo trato; cuando las personas son iguales

**ilegal**: contra la ley

**impresión**: un efecto que se siente en el ánimo por algo que ha ocurrido

**inmigrantes**: personas que van a vivir a otro país

**inspiraron**: hicieron que alguien más quisiera ser como ellos

**nombrado**: contratado por el gobierno

**oficio**: un trabajo que requiere de aptitudes especiales

**plantación**: una casa grande en un terreno enorme, generalmente ubicado en el Sur

**política**: decisiones del gobierno que guían o influyen

**posesiones**: cosas que se tienen, como tierras, bienes o dinero

**publicó**: imprimió un libro o periódico

**racistas**: personas que juzgan a otras por su color de piel

**reclutó**: hizo que las personas se unieran

**regimiento**: una unidad militar

**revuelta**: una lucha por la libertad, a menudo violenta

**sospechar**: sentirse menos confiado; sentir que algo extraño está pasando

**sufragistas**: personas que pensaban que se debía permitir votar a las mujeres

**traición**: el delito de luchar contra el gobierno de tu país

# Índice

# ¡Tu turno!

Frederick Douglass demostró al mundo que los esclavos tenían sentimientos y sueños, como todos los demás. Tuvo la valentía de contar su historia y ayudar a terminar con la esclavitud en Estados Unidos.

## Personaje poético

Usa lo que sabes sobre Frederick Douglass para escribir un poema en primera persona. En una hoja aparte, completa los espacios en blanco para contar su historia en forma de poema.

Soy _____

Veo _____

Siento _____

Digo _____

Creo _____

Soy _____